全新版

華語

第九冊

流傳文化事業股份有限公司
http://www.chlearn.com

編輯要旨

一、本書為適應世界各地華僑學校需要而編寫，全書共分十二冊，提供世界各地華僑小學、中學使用。各地區可因應個別需要，一年使用一冊或二冊，教材設計上，也儘量符合這二種需求。

二、本書課程設計，採「語」「文」並重；選擇在「第二外國語言」和「本國語文」中找出一個平衡點。每一課的「語文活動」中，大都有「對話練習」，滿足語言在日常生活的應用需求；每課課文，又充滿了文學、文化的趣味性與人文關懷。

三、本書重視語言文字的統整學習。每課的語文活動，將文字的形、音、義、詞語、句型、章法等，系列地歸納出概念原則，幫助孩子快速有效的學習。在教學指引中，更設計生動活潑的語文遊戲，為孩子的學習帶來歡笑。

四、本書為使學生能學習最正確的華語，編寫時特別採用「國語注音符號」。附錄中對每課生字、新詞均附通用拼音、漢語拼音及英文解釋，以供參考。

五、本書所用生字，至第六冊約為八百字，至第十二冊約為二千四百字，按教育部編「常用兩千八百字彙編」的字頻編寫。字由淺而深，在課文或語文活動、習作中，有反覆練習的機會；並且用淺白的文字和圖畫，系統性、趣味性的介紹文字，以此策略，幫助孩子大量識字。至於生字的注音，儘量不用變調、兒化韻，以降低學生學習困擾。必要的變調，如哥哥ㄍㄜ•ㄍㄜ，文中會注變調；生字中注本調。

六、本書三課組成一單元，以收單元教學效果。但為配合僑校學生每週上課一次，所以每課都設計相關語文活動，包含聽、說、讀、寫的語文技能，做為說話課和作文課的輔助教材，以幫助學生思考、溝通及書寫的能力。每冊並附教學指引一本及習作本二本。

全新版 華語 第九冊

第一單元 生命的主人

第二單元 世界風光

第三單元 藝術之美

第四單元 古人的智慧

附錄

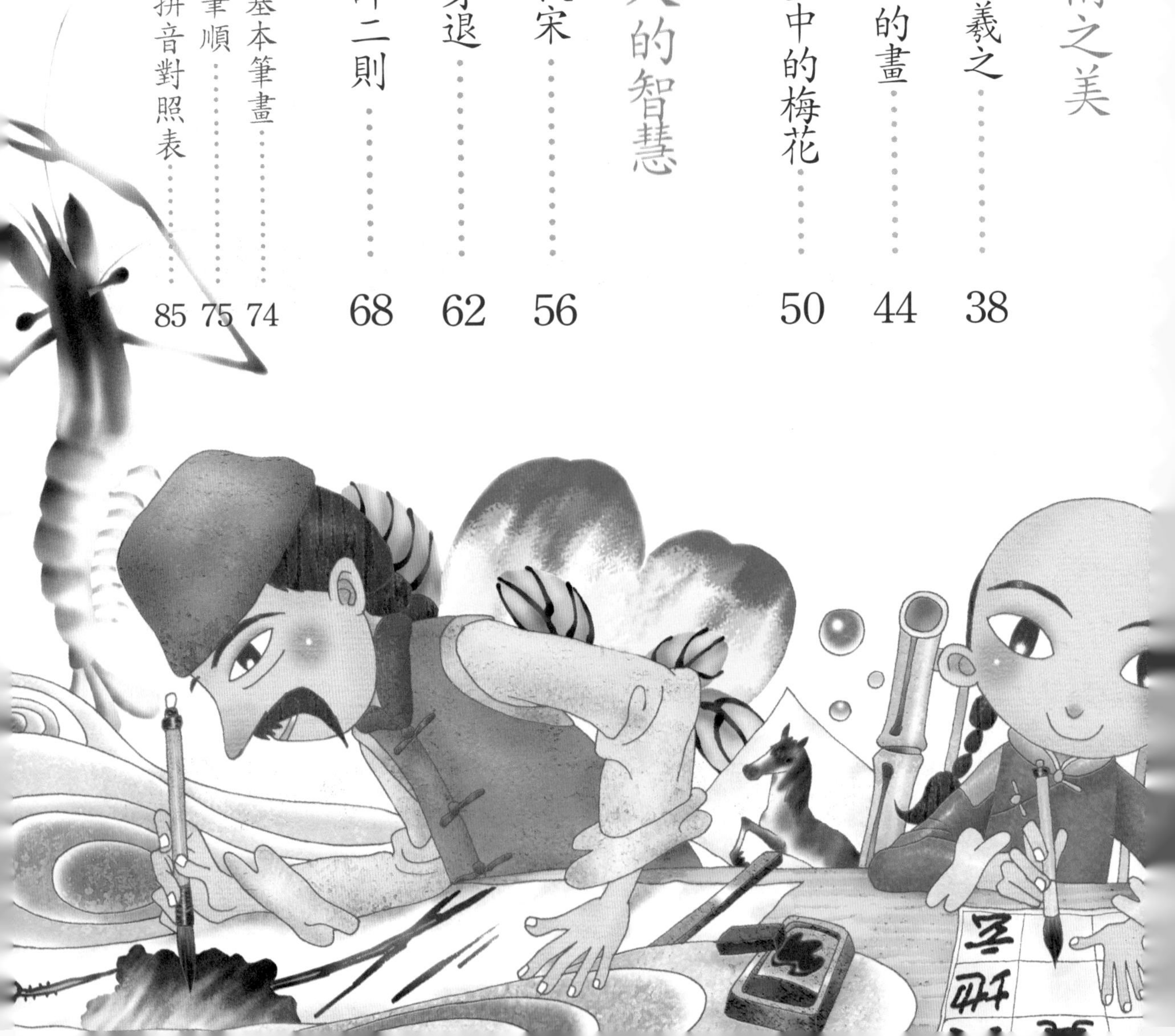

一

努力就從今天開始

明日歌

明·錢福華

明日復明日，
明日何其多。
我生待明日，
萬事成蹉跎。
世人若被明日累，
春去冬來老將至。
朝看水東流，
暮看日西墜。
百年明日能幾何？
請君聽我明日歌。

蹉 ㄘㄨㄛ　跎 ㄊㄨㄛˊ　若 ㄖㄨㄛˋ　朝 ㄓㄠ　暮 ㄇㄨˋ　墜 ㄓㄨㄟˋ　君 ㄐㄩㄣ　嘉 ㄐㄧㄚ　ㄌㄠˊ

今日詩

明・文嘉

今日復今日，
今日何其少。
今日又不爲，
此事何時了。
人生百年幾今日，
今日不爲眞可惜。
若言姑待明朝至，
明朝又有明朝事。
爲君聊賦今日詩，
努力請從今日始。

小小劇場：吳剛和桂樹（一）

時間：兩千多年前

地點：月球

人物：老神仙和吳剛

（幕起時，年輕人吳剛走了一百天的路，在深山裡找到一位白鬍子神仙。）

吳剛：老神仙，您可以收留我，教我怎樣當神仙嗎？

神仙：年輕人，當神仙是要下工夫的，你吃得了苦嗎？

吳剛：（點點頭）當然可以！我當然可以！

神仙：我知道，你上山之前在布店賣布，怎麼不賣布啊？賣布之前當木匠，當木匠之前在田裡工作是嗎？

吳剛：不行！賣布時往往要站一整天，很累啊！而且有些客人很挑剔（ㄊㄧ），我不耐煩。

神仙：你不想賣布，你在賣布之前，不是當木匠嗎？

吳剛：哈！神仙，您都知道，當木匠更不容易了，要慢慢的磨木材，慢慢的做，我更不耐煩啊！

神仙：你在當木匠之前，是在田裡工作吧？

吳剛：是啊！是啊！當農夫可辛苦，夏天熱得滿身大汗，冬天冷得全身發抖。我實在討厭當農夫，我只喜歡當神仙。

神仙：當神仙也要有耐性、有毅力！其實和賣布，當木匠、當農夫都一樣。

吳剛：不！不！我相信當神仙一定很有趣。師父，您就收我爲徒弟，我一定會好好學的。

神仙：好！既然你這麼想當神仙，我就收你爲徒弟。

文言與白話

文言精簡的字，代表在白話裡的意思。

文言	白話
復	又
何其	多麼
待	等待
累	拖累
至	來臨

文言	白話
不爲	不做
何時「了」	完成
若	假若
姑待	姑且等待
爲君	替你

白話翻譯：明日歌

明天又明天，
明天這麼多！
我們人生只是在等待明天的話，
什麼事都將會白白浪費。
世間的人如果一直只是想著明天，
春天走了，冬天來了，人很快就老了。
白天看著江水向東流，
黃昏看著太陽往西落，
就算是一百年，又能有幾個明天？
請用心聽我唱的明日歌吧！

二 學做情緒的主人

當你不安的走來走去，沒什麼原因就發脾氣，做起事來有氣無力，拚命的吃東西……你有沒有感受到，是身體不舒服？還是情緒不舒服呢？東方人常會壓抑自己的感覺，所以管理情緒的第一步，就是多觀察、多分析自己的感覺。

感覺是眞實又自然的，它沒有好壞，也沒有對錯，即使是負面的情緒，也有它的意義。例如：緊張，表示你要提高警覺；焦慮，表示你原本想做得更好。所以，害羞、憤怒、狂喜、悲傷，都是我們眞實的感覺，我們先要學習接受它。

當你學會觀察自己的情緒，接納自己的情緒，接著是要找出引發情緒的原因。能夠分析原因後，情緒對我們影響的程度和範圍就會減輕許多。這時針對自己的狀況，爲情緒找出口吧！

緒 ㄒㄩˋ　拚 ㄆㄢˋ　抑 ㄧˋ　析 ㄒㄧ　例 ㄌㄧˋ　警 ㄐㄧㄥˇ　慮 ㄌㄩˋ　羞 ㄒㄧㄡ　納 ㄋㄚˋ

如果遇到討厭的事，不妨立刻離開現場，換個地方或到郊外散散心，或改做其他的事。

此外，做一個小小的改變也很好，例如：替自己換個髮型、穿上新衣。

其他像唱歌、深呼吸兩次、大笑、打打呵欠、動動身體、大哭一場、找人聊聊、塗鴉……等，都是不錯的選擇。

最後，如果能將引發情緒的原因明列出來，並且將其排序，想一想：眞有這麼嚴重嗎？情緒若有了安頓，快樂很快會再度光臨。

擇ㄗㄜˊ 塗ㄊㄨˊ 範ㄈㄢˋ 響ㄒㄧㄤˇ 序ㄒㄩˋ 欠ㄑㄧㄢˋ 型ㄒㄧㄥˊ 郊ㄐㄧㄠ 妨ㄈㄤˊ 狀ㄓㄨㄤˋ 針ㄓ

小小劇場：吳剛和桂樹（二）

時間：兩千多年前

地點：月球

人物：老神仙和吳剛

（幕起時，老神仙已經收吳剛為徒弟，並且要教吳剛到山裡採集一些藥草。）

神仙：當神仙要幫人治病，你先跟著我到山裡採藥。

吳剛：什麼？當神仙要採藥？當神仙不是每天都快快樂樂的嗎？想到哪裡玩就到哪裡玩嗎？

神仙：哦！不！不！當神仙也是有很多事情要做的。除了採藥之外，你還得讀一些書。

（神仙教他採藥、下棋、看書，一開始，吳剛都興致勃勃的，而且也學得很好，可是不到十天就不耐煩了。）

吳剛：當神仙應該到處遊玩，怎麼老是看書，聽您講道理呢？

神仙：（嘆氣）可惜！我講的道理，你都聽不進去。你做什麼事都缺少毅力，那是不會成功的。好吧！你既然喜歡到處玩，你想上哪裡玩？

吳剛：（興奮的）我看天上的月亮又圓又大，眞想上去住幾天，可以嗎？

神仙：可以的，我帶你上去，你先把眼睛閉起來。

（到了月亮之後，看到月亮上荒涼一片，只有一棵很高大的桂樹。）

吳剛：怎麼月亮會是這樣？一點都不好玩。我要回地球去。

神仙：不行！你必須在這裡住一段時間。

吳剛：爲——爲什麼？（很訝異）

認識文體：說明文

說明文是向人們介紹事物，說明事理的文章。爲了把事情或道理說得清楚，說得明白，說明時要和記敘文一樣，按照時間、空間或邏輯順序來說，使文章更有條理。本課「學做情緒的主人」從情緒發生的開始說起。

我們管理情緒要：

一、感受自己的感覺（情緒）。

二、接受所有的感覺（情緒）。

三、找出引發情緒的原因。

四、轉換情緒的方法。

五、往好處想情緒會變好。

認識字形：「卬、卯」和「勻、勺」

卬 ㄤˊ

- 迎：歡迎
- 仰：景仰
- 抑：壓抑
- 昂：昂首

卯 ㄇㄠˇ

- 卯：卯時
- 劉：劉先生
- 柳：柳樹
- 留：留學
- 聊：聊天

勻 ㄩㄣˊ

- 勻：勻稱
- 均：平均
- 鈞：千鈞一髮

勺 ㄕㄠˊ

- 勺：湯勺
- 釣：釣魚

三 快樂是自找的

人的一生，經歷了太多的改變。從嬰兒呱呱墜地到讀書；從工作到結婚生子；從中年到老年到人生的終點。人的一生，眞是千變萬化。千變萬化中的生、老、病、死，讓人感覺太沉重，因此常會嘆息「人生不如意事，十常八九」。

巴爾札克說：「不論是幸福或是不幸福，人生並沒有我們想像的那樣美妙，也沒有我們想像的那麼醜惡。」對於必走的人生道路，用歡喜心去適應，快樂是自找的。

有一天，你閒著也是閒著，到隔壁的雜貨店去打工，搬了

嬰 ㄧㄥ　呱 ㄍㄨ　婚 ㄏㄨㄣ　惡 ㄜˋ　隔 ㄍㄜˊ　壁 ㄅㄧˋ　闆 ㄅㄢˇ　悶 ㄇㄣˋ　虧 ㄎㄨㄟ

一小時的貨物，老闆給你一百元。你心想，運動了一小時，還賺一百元，眞好！告訴了同學，同學卻說：「那有什麼好高興的？我到一家公司接一個小時的電話，就有兩百元呢！」本來你很快樂的，聽了這話頓時悶悶不樂了。因爲覺得自己顯然吃虧了。問題是，你果眞吃虧了嗎？如果你知道有另一個同學工作一個小時只賺五十元，你會感到得意嗎？

用一小時勞動，換得一百元，是你心甘情願的，你也覺得很快樂！保持單純的心情和想法，會讓你一直擁有快樂。而知足、感恩、惜福、勤奮、善盡自己的責任，會使快樂像湧泉一樣源源不絕，你不妨試試看！

勞 恩ㄣ 湧ㄩㄥˇ 源ㄩㄢˊ

小小劇場：吳剛和桂樹（三）

時間：兩千多年前

地點：月球

人物：老神仙和吳剛

（幕起時，老神仙要吳剛住在月球上面，讓吳剛覺得很訝異，因爲月球上面一點也不好玩。）

吳剛：我不想住在這裡。

神仙：你必須在這裡修鍊一段時間。

吳剛：我在這裡沒什麼事做啊！

神仙：你可以用樹旁的斧頭，把這棵桂樹砍倒，砍倒之後，你就可以回到地

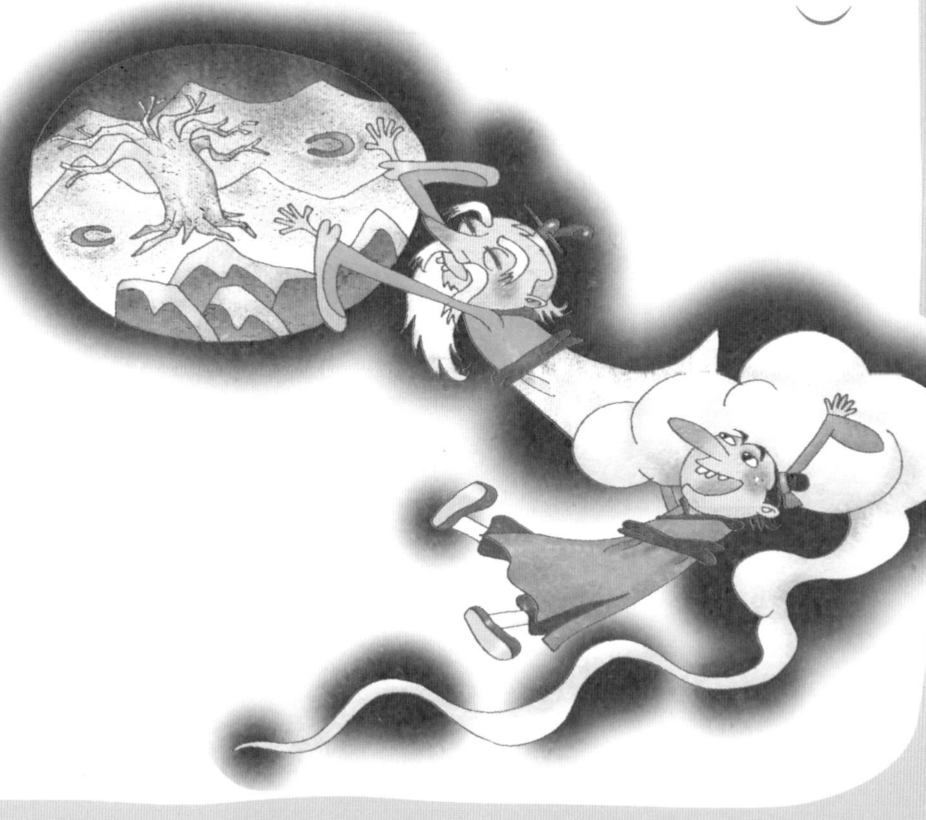

球上。

吳剛：把這棵樹砍倒，這還不簡單嗎？

（吳剛拿起斧頭用力的砍樹，砍到滿身大汗才停止。可是他一停止，樹幹上的傷痕全不見了。吳剛很驚訝！）

神仙：這棵桂樹又叫「三百斧頭」，你要平心靜氣，拿出毅力來，連續砍三百下，就可以把桂樹砍倒。像你現在砍了五十下，斧頭一拿開，樹幹上的傷痕又馬上復原了。

吳剛：好吧！我知道了，我會做一個有耐心、有毅力的人，很快的把桂樹砍倒，回到地球去。

神仙：兩千多年過去了，可是沒有毅力的吳剛還是不能把桂樹砍倒。每年的中秋節，我都望著月亮，希望吳剛快一點把桂樹砍倒，我會接他回來的，這是我給他的一個機會啊！

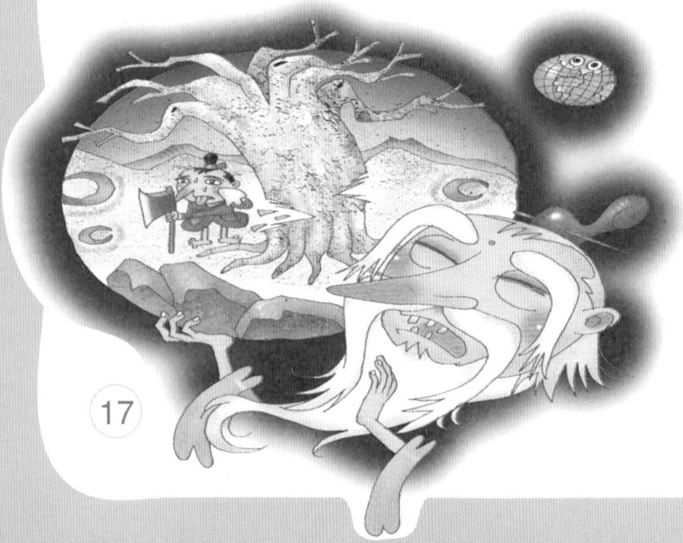

認識文體：議論文

議論文是指發表自己主張或意見的文章。它含有主觀的及個人的熱情，想說服別人相信自己的說法。爲了證明自己的理由或意見是好的，往往要舉出很多的道理或事證，來證明自己言論的可行性。

說明文和議論文就不同了。說明文比較是客觀的、一般性的說法，沒有強烈說服別人的意圖，第二課「學做情緒的主人」就是說明文。

本課「快樂是自找的」是議論文。作者強調人生只要用歡喜心去適應，快樂就會出現。所以舉了文學家巴爾札克的話，又舉了一個讀者可能發生，能體會的事例來證明這個道理，最後並一再鼓勵讀者用正向的方式去尋找快樂。

認識修辭：頂真法

說話和寫作時，我們有時把前一句最後的詞語，作爲下一句開頭的詞語，這種修辭法稱爲「頂眞」。頂眞運用得當，可以對事情道理作連貫的說明，方便理解，也有文字巧妙配合的美感。例如：

- 明日復明日，明日何其多。

- 人生百年幾今日，今日不爲眞可惜。

- 負責任的廠商會標示製造日期和使用期限，期限超過你還使用，可能會藥到命除。

- 我們採的是芒花，芒花的花絮如棉花，遇到風吹，便花飛花舞花滿天。

四 愛心毛衣

穿著黑色的燕尾服，走起路來搖搖擺擺的企鵝，樣子眞是可愛。

澳洲的神仙企鵝不高，大約只有四十公分左右，可愛的神仙企鵝，大多是塔斯曼海岸的居民。每當太陽下山，一批批個兒小小的神仙企鵝，就像白雪公主故事裡那些下了工的小矮人，搖搖晃晃的由海上穿過沙灘回家。

有一天，一艘載滿原油的油輪漏油，漆黑的油漬污染了海面，使小企鵝們受了傷。居民們知道後，立刻把這些受傷的神仙企鵝，送到一個小島上，接受醫生細心的治療。爲了防止牠們在整理羽毛時，誤食沾在羽毛上的原油，居民們決定再爲小企鵝織套頭毛衣。但是，受傷的企鵝實在太多了，所以他們希望多找一些人來幫忙。

企 ㄑㄧˋ　塔 ㄊㄚˇ　斯 ㄙ　曼 ㄇㄢˋ　民 ㄇㄧㄣˊ　矮 ㄞˇ　晃 ㄏㄨㄤˇ　艘 ㄙㄠ　載 ㄗㄞˋ

這個消息由美國時代雜誌報導後，全球的志工都加入織毛衣的陣容，他們織的毛衣，不是爲小企鵝禦寒，也不是爲小企鵝增加美觀，那是爲受傷的小企鵝保命，所以大家夜以繼日的拚命趕工。

一時之間，不管南半球還是北半球，全球會織毛衣的老太太們，每個人都戴起了老花眼鏡，兩手不停的織著，套頭毛衣雖小，裡頭卻含著志工們大量的愛心。

漏 漬ㄗˋ 療ㄌㄧㄠˊ 沾ㄓㄢ 禦ㄩˋ 含ㄏㄢˊ

澳ㄠˋ 織ㄓ 戴ㄉㄞˋ

對話練習：回憶澳洲行

小惠：看到動物園裡的無尾熊，我好懷念那年的澳洲行！

爸爸：澳洲行你最懷念什麼？

小惠：我最懷念去參觀動物園了。

爸爸：印象最深刻的應該是無尾熊吧？

小惠：對呀！毛茸茸的無尾熊，緊緊抱著尤加利的樹幹睡覺，好可愛！

爸爸：除了無尾熊，還有什麼印象深刻的？

小惠：袋鼠和駝鳥。

爸爸：蹦蹦跳跳的袋鼠的確特別，只是你怎麼會對駝鳥感興趣呀？

小惠：駝鳥的腳強而有力，跑得好快，我眞想騎一騎！

爸爸：那你就成了「駝鳥公主」嘍！

小惠：對了，爸爸，您最懷念的是什麼？

爸爸：我最念念不忘的是雪梨歌劇院和艾亞斯岩。

小惠：雪梨歌劇院貝殼形狀的外形，眞是特別，我也喜歡。

爸爸：設計特別以外，最好的是它的音效，所以許多音樂人都喜歡到這兒表演。

小惠：艾亞斯岩不過是塊大石頭，您怎麼也念念不忘呢？

爸爸：別小看這石頭，它可是世界上最大的單一岩石呢！

小惠：哦！怪不得繞著走一圈都覺得好累！

爸爸：有人描寫這塊岩石，像個感情豐富的人呢！

小惠：是因爲它會變換著紅、橙、棕、藍、紫等各種顏色嗎？

爸爸：你答對了，「鴕鳥公主」眞聰明喲！

認識修辭：對比法

我們常說：「萬綠叢中一點紅。」那一點「紅」所占的面積並不大，但是卻能吸引所有人的目光，因爲「紅」和「綠」就與「黑」和「白」一樣，是對比的顏色。

文章中，我們也可以用「對比」的技巧，讓所要表達的意思更加突出。例如本課最後一句：「套頭毛衣雖小，裡頭卻含著志工們大量的愛心。」利用「小↔大」的對比，強調愛心的「大」和「多」。許多成語也用「對比」來呈現呢！請念一念下面這些成語：

- 大智若愚　智↔愚
- 苦盡甘來　苦↔甘
- 大才小用　大↔小
- 頭重腳輕　重↔輕
- 飯少僧多　少↔多
- 公報私仇　公↔私
- 舊瓶新酒　舊↔新
- 挑肥揀瘦　肥↔瘦

認識句子：條件複句

什麼是條件複句？一種是「有條件句」，前一句提出一個條件，後一句說明在這個條件下產生的結果。

常用的關係詞語有「只有……才……」、「只要……就……」。

例：他只有在爸爸生氣的時候，才會乖乖的掃地。

爸爸說只要表現好，就有披薩可以吃。

本課的最後一段「一時之間，不管南半球還是北半球，全球會織毛衣的老太太們，每個人都戴起了老花眼鏡，兩手不停的織著。」這也算條件複句，稱爲「無條件句」，前一句先排除一切條件，後一句說明在任何條件下都會有同樣的結果。

常用的關係詞語有「無論（不論、不管、任憑）……都（也、還）……」。

例：無論黑人、白人，他說只要是好人都是我的朋友。

不管爸爸、媽媽怎麼說，他還是決定去從軍。

五

爺爺的拼板舟

近午，一群腰間配著小刀的達悟勇士，合力扛起刻畫精美的小舟。他們以有力的步伐奔向大海，跑在最前面的是我的爺爺，也是這艘小舟的主人。勇士們激動的吼叫著，場面非常壯觀，經過一些儀式，總算完成了下水典禮。

記得一年多前，我和爺爺到山裡砍柴，爺爺帶我去看做了記號的樹。我好奇的問爺爺：「這些樹上爲什麼會有記號？」爺爺告訴我，這是爲造船準備的樹材。爺爺說：「一艘拼板舟，得用十四種不同的樹材，這些樹木必須粗壯、結實，才能把船做得牢固，船牢固了，就

達ㄉㄚˊ 扛ㄎㄤˊ 伐ㄈㄚˊ 奔ㄅㄣ 吼ㄏㄡˇ 儀ㄧˊ 典ㄉㄧㄢˇ 粗ㄘㄨ 牢ㄌㄠˊ

不需要常常砍樹造新船。」

　　飛魚季一結束，爺爺就領著爸爸、叔叔們開始造船。爺爺說製作拼板舟是不用鐵釘的，所以船板的接合，要用一百多根削好的「桑木釘」來固定。刺眼的陽光，使每個人的臉上、身上都布滿了汗水，但是，他們仍然不停的揮動小斧頭工作著。船造好了，爺爺在船身的兩邊雕上「船眼」，並且漆上紅、白、黑三種顏色的圖案。

　　看著爺爺的拼板舟在大海中起伏，我覺得好驕傲！那拼板舟首尾上翹的龍骨，就像達悟人微笑的嘴角，正向大海謝恩呢！

季 束ㄕㄨˋ 削ㄒㄧㄠ 桑ㄙㄤ 刺ㄘˋ 斧ㄈㄨˇ 伏ㄈㄨˊ

激ㄐㄧ 驕ㄐㄧㄠ 傲ㄠˋ 翹ㄑㄧㄠˋ

對話練習：達悟人的豬

媽媽：小凱，你知道達悟人住哪裡嗎？

小凱：我知道，就在臺灣東邊的一個小島上。

媽媽：不錯！那個小島稱為蘭嶼。

小凱：「拼板舟」是他們的特色嗎？

媽媽：拼板舟過去被稱為獨木舟，除了拼板舟外，勇士穿的丁字褲，也是他們的特色。

小凱：「拼板舟首尾上翹的龍骨，就像達悟人微笑的嘴角。」好美的句子呀！

媽媽：句子很美，拼板舟也很漂亮呀！你知道嗎？有許多攝影家喜歡到蘭嶼，為的就是拍攝夕陽西下時，沙灘上的拼板舟呢！

小凱：老師說達悟人尊重自然，所以造船時不用鐵釘。

媽媽：講到達悟人尊重自然，前些時候，媽媽看到一則消息，很有趣呢！

小凱：什麼有趣的消息？快告訴我！

媽媽：有人從臺灣到蘭嶼去買豬。

小凱：爲什麼要千里迢迢的到蘭嶼買呢？

媽媽：大概覺得蘭嶼空氣新鮮，沒有污染吧！

小凱：那個人買到豬了嗎？

媽媽：達悟人說等一會兒再來買吧！

小凱：爲什麼要等一會兒？

媽媽：達悟人說他的豬出去散步了，等散完步回來再說吧。

小凱：哇！達悟人好瀟灑！達悟豬眞幸福啊！

敘述

寫文章最基本、最常用的表達方式就是「敘述」。敘述是把人物活動的經過、事情發展變化，及環境的轉變等，介紹或陳述出來。記敘文中，主要是敘述人物、時間、地點和事情的原因、經過和結果。

記敘文用敘述這種表達方式，要注意有的以「時間」的早晚爲順序，有的以「空間」的位置爲順序，有的以「問題」的先後爲順序。本課課文是以「時間」的早晚爲順序來敘述，課文中有代表時間的詞語，像「近年」、「一年多前」、「飛魚季一結束」，均按照事情發生的時間先後來敘述。一般最常見的是「順敘」和「倒敘」，第四課「愛心毛衣」就是用「順敘」的寫法。本課先寫「結果」，再寫舉行拼板舟的下水典禮，最後寫砍樹做拼板舟，這就是「倒敘」的寫法。

描寫

描寫指的是用生動的文字，把人物或景物的狀態描寫出來。文章在敘述時，著重對人物、事件、環境的交代和說明，使之清楚明白；在描寫時，著重對人物、事件、環境的描繪和刻畫，使之生動傳神。

描寫人物的外貌、聲音、動作、心理，就稱爲「人物」的描寫。如：「一群達悟勇士扛小舟。」是敘述的句子，課文中「一群腰間配著小刀的達悟勇士，合力扛起刻畫精美的小舟。」就是描寫的句子。寫文章時，「敘述」和「描寫」這兩種表達方式，要常常交叉使用，才能使讀者了解人物的活動或事情的發展變化，又能得到如見其人，如聞其聲的感受。

六 西班牙的鬥牛

「鬥牛」，不但是熱鬧的表演，同時也是盛大的典禮。

在西班牙看鬥牛，觀眾們都坐在一排排同心圓的座椅上，只要一入場，就可以感受到焦慮與期待的情緒。忽然，掌聲響起，鬥牛士們列隊進場，場內錦衣閃閃，金色、銀色的繡線，映著斜暉，眞是燦爛奪目。

鬥牛，引人的不是那最後致命的一擊，而是在「逗」牛上。柵門一開，衝出一頭生命力旺盛的蠻牛，結實的身軀漆黑而發亮。鬥牛士手上拿著紅旗，惹火了每次撲空的牛隻，盛怒中的牛隻，四蹄掀起了滾滾的黃沙，頭上的兩柄刺刀，一下子就逼近了鬥牛士。萬千觀眾期盼鬥牛士的，不僅是要藝高膽大，更重要的是要他能臨危不亂。

在滾滾的黃沙中，只見鬥牛士氣定神閒，以逸待勞的站著，等到

盛 ㄕㄥˋ　奪 ㄉㄨㄛˊ　逗 ㄉㄡˋ　柵 ㄓㄚˋ　旺 ㄨㄤˋ　旗 ㄑㄧˊ　惹 ㄖㄜˇ　撲 ㄆㄨ　欣 ㄒㄧㄣ

牛隻近身，才把那面張開的披風，斜斜的揮出，讓牛撲個空。接著，他再度揮動火紅的披風，使憤怒的牛角就在他的身側，甚至就在他的腰際打轉，而他，仍然挺挺的站著。

「鬥牛」，表面上是人獸之鬥，其實是人與自己在搏鬥，所以說這是一場典禮，一場祭拜死神的典禮。

逼 盼ㄆㄢˋ 膽ㄉㄢˇ 危ㄨㄟˊ 逸ㄧˋ 獸ㄕㄡˋ 搏ㄅㄛˊ 燦ㄘㄢˋ 爛ㄌㄢˋ 蠻ㄇㄢˊ 軀ㄑㄩ

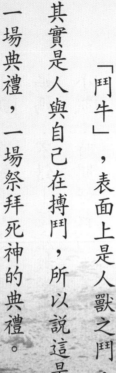

對話練習：西班牙的大教堂

媽媽：小凱，你看！這座西班牙的教堂眞是漂亮呀！

小凱：我知道，聽説西班牙的宗教領袖現在還住在裡面。

媽媽：不錯！這座教堂十三世紀便開始動工，直到十五世紀才完工。

小凱：時間好長喲，蓋了快兩百年呢！

媽媽：大教堂正面的三座大門，都是「哥德式」的風格傑作。

小凱：什麼是「哥德式」的風格呀？

媽媽：有無數的尖塔，尖拱的窗户，最大的特色是屋頂高聳入雲呢！

小凱：老師説這個教堂裡共有二十二個禮拜堂，可見這個教堂有多大了。

媽媽：所以説它是全世界知名的天主堂之一呀！

小凱：這個教堂裡到處都是精美的雕刻，雕了好多人像啊！

媽媽：是啊！這些都是西班牙歷史故事中的英雄人物。

小凱：我最喜歡的是漂亮的彩繪窗。

媽媽：這彩繪窗已經有四、五百年歷史了。

小凱：光線透進來依然很漂亮呀！一點也不覺得老、舊。

媽媽：如果你仔細看，還會發現這些都是描繪聖經中的故事。

小凱：好精緻！到這兒，大家都輕聲細語，沒有人吵吵鬧鬧的。

媽媽：對呀！這兒洋溢著神與天堂的氣氛。

小凱：在這兒跟上帝說話，上帝一定會答應我的要求，我得想想要跟上帝說什麼了！

認識寫作：文章的開頭

文章的開頭，是讀者對文章的第一個印象。寫得好，讓人印象深刻；寫得不好，就不能吸引讀者繼續閱讀。所以文章的開頭一定要用心書寫，才能先聲奪人。

一段好的開頭，不但要切合題意，而且要簡明有創意。現在就以第四、五、六課，介紹三種不同的開頭寫法。

特寫法：

文章的開頭，針對主題的人、事、物或景的特點，詳細的加以刻畫，帶給讀者深刻的印象，引起讀者繼續閱讀下文的興趣。例如：第四課「愛心毛衣」中，「穿著黑色的燕尾服，走起路來搖搖擺擺的企鵝，樣子眞是可愛。」

時間法：記敘事情時，在文章的開頭就先寫明事情發生的時間或年代。例如：第五課「爺爺的拼板舟」，「近午，一群腰間配著小刀的達悟勇士……」

重點提示法：文章開頭就把所要說的重點提示出來，以引起讀者的注意，使讀者看了開頭，就知道全篇要說的重點。例如：第六課「西班牙的鬥牛」，「『鬥牛』，不但是熱鬧的表演，同時也是盛大的典禮。」

七 書聖王羲之

王羲之七歲拜女書法家衛夫人學習書法。衛夫人善寫隸書和楷書，羲之臨摹衛夫人的書法到十二歲，已經非常出色，但自己並不滿意。有一天，他發現父親箱中的筆說，便請求父親借給他看，父親答應了，不到半年，羲之的書法便突飛猛進。

羲之二十歲時，有個大官想把女兒嫁給王家的族人。羲之的堂兄弟們，個個刻意打扮，非常做作。只有羲之躺在東邊的竹床上，一手吃燒餅，一手比畫著，專心想著字的寫法。突然他縱身下床，慢慢研墨，提起筆來，書法一氣呵成。提親的人轉告大官，大官就

聖 ㄕㄥˋ　楷 ㄎㄞˇ　摹 ㄇㄛˊ　官 ㄍㄨㄢ　餅 ㄅㄧㄥˇ　墨 ㄇㄛˋ　廁 ㄘㄜˋ　硯 ㄧㄢˋ　措 ㄘㄨㄛˋ

把他美麗文靜、知書善文的女兒嫁給羲之。

草聖張芝「臨池」的故事，羲之最爲嚮往，爲了練好書法，他在書房內、院子裡、大門邊，甚至廁所的外面，都擺著椅子，安放好筆、墨、紙、硯，每想到一個好的字，就馬上寫到紙上。他練字時，常常苦思，以致忘了吃東西。有一次羲之又專心練字，佣人端進來一碗醋大蒜和一盤饅頭，並提醒主人要趁熱吃。一連請了幾次，主人還是揮毫疾書。佣人只好去請夫人來相勸。夫人出聲相請，才發現羲之把沾滿墨汁的饅頭咬在口中，苦苦的墨饅頭，讓羲之忍不住吐了出來。

後來，羲之遊歷各名山大川，拜讀名家的書法，開始獨創新的字體，終於成就了「書聖」的美名。

蒜　趁ㄔㄣˋ　毫ㄏㄠˊ　疾ㄐㄧˊ　忍ㄖㄣˇ　川ㄔㄨㄢ　創ㄔㄨㄤˋ　衛ㄨㄟˋ　隸ㄌㄧˋ　嚮ㄒㄧㄤˋ　勸ㄑㄩㄢˋ

小小劇場：神奇的字（一）

時間：上課時

地點：教室裡

人物：老師和同學

（幕起時，老師正在上課時，突然有同學喊：「報告！」）

威凱：老師，美勤偷偷的打毛線。

小胖：（誇張的）什麼？美勤跟毛線過不去，要把毛線打一頓是嗎？

（全班笑聲四起。）

老師：好！別笑了！美勤，你把毛線收起來。我來告訴大家一個神奇的字——打。

小胖：（低聲的）「打」字多普遍！有什麼神奇呀？

老師：小胖，那你說一說打毛線的「打」是什麼意思？

小胖：當然不是打倒毛線或打爛毛線，而是——而是——

老師：而是什麼？打毛線是要把毛線編織成毛衣，文雅一點的說法是「織毛衣」。

小胖：老師，那「打」球，是把球結結實實打一頓了！

老師：小胖，你打球時會想把球打破或打爛嗎？

小胖：不會，我從來沒有這種念頭。

老師：好，那你爲什麼打球？

小胖：好玩啊！

老師：說得好！所以「打」球的「打」字，就是玩球的意思。

小胖：這麼聽起來，「打」字是有點神奇了，老師，您快說，我們洗耳恭聽！

書體源流認識

篆書

最早有系統的古代文字，是殷商時期刻寫在龜甲上或獸骨上的「甲骨文」，及刻在鐘鼎銅器上的「金文」。這些字都很像圖畫。同一字有很多不同的寫法，我們稱爲「古篆」。到了秦朝，就改成長方形、整齊而左右對稱、字形又平均的「今篆」。

隸書

秦初將篆書的筆畫略加減少，把圓長的字變成方扁的字成爲隸書。隸書起筆像蠶的頭，收筆像雁的尾。

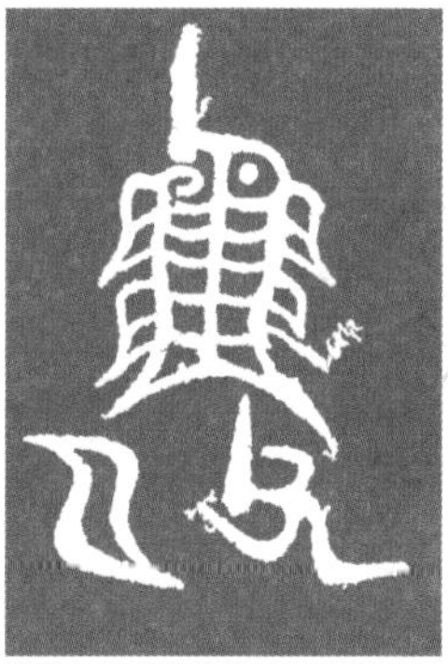

金文——商朝魚父乙卣

篆書——秦朝嶧山刻石

隸書——漢朝曹全碑

行書

行書是由隸書寫快以後，演變而成。

楷書

楷書也是由隸書演變出來。撇、捺、挑、勾，從行書、草書而來，到唐朝穩定，後稱爲「唐楷」。

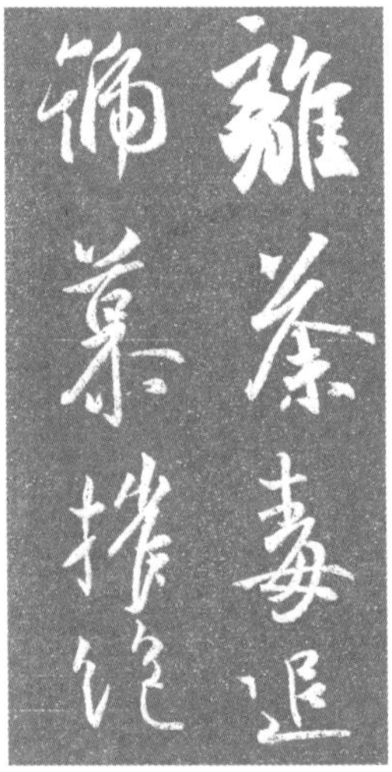

行書——晉朝王羲之喪亂帖

楷書——唐朝顏眞卿顏勤禮碑

八 齊白石的畫

齊白石是二十世紀的大畫家，生於湖南省湘潭縣。他的作品具有時代感，受到大家的喜愛。

白石八歲入學學寫字，常常一邊在描紅紙上寫大字，一邊畫下了牛、馬、豬、羊、蝴蝶、蜻蜓等常見的動物。可惜他家裡太窮，未滿一年，就休學在家牧牛、砍柴，閒時則在家寫寫字、畫畫圖。這樣的生活一直到十五歲，由於他身體不好，不能耕種，只好到木匠那裡學手藝。學手藝時他用功又有慧根，二十歲不到就成了有名的木匠。

偶然間，白石看到一部芥子園畫譜，把它借回家每晚臨摹，畫了半年，也奠定

湖 ㄏㄨˊ　省 ㄕㄥˇ　縣 ㄒㄧㄢˋ　描 ㄇㄧㄠˊ　未 ㄨㄟˋ　牧 ㄇㄨˋ　則 ㄗㄜˊ　耕 ㄍㄥ　匠 ㄐㄧㄤˋ

了繪畫基礎。他二十七歲時，正式拜師學畫人像、花鳥……，到了三十歲，就已經是位名畫家，人稱「白石山人」。

白石的畫，從純樸的農民生活中去吸取創作靈感，畫風純眞有趣，加上他雕刻的經驗，畫風因此圓渾厚實、雄武有力。他的畫簡樸有天趣，大人小孩看了都著迷。齊白石活到九十五歲，他的畫作，傳統中有現代感，是中國二十世紀畫壇上知名度最高，影響力最大的畫家之一。

慧　芥ㄐㄧㄝˋ　譜ㄆㄨˇ　奠ㄉㄧㄢˋ　基ㄐㄧ　渾ㄏㄨㄣˊ　統ㄊㄨㄥˇ　礎ㄔㄨˇ　壇ㄊㄢˊ

小小劇場：神奇的字（二）

時間：上課時
地點：教室裡
人物：老師和同學

（幕起時，老師和同學正在討論一個神奇的字——打。）

美勤：老師，那打醬油的「打」，是編醬油還是玩醬油嗎？

老師：打醬油的「打」，不是編織醬油，也不是玩醬油。而是「買」醬油的意思。

小胖：老師，那我有點糊塗了。

老師：別急！慢慢聽老師說，凡是買液體的東西，古時候就用「打」，如打一斤油、打一斤酒。

美勤：老師，古時候「打水」是什麼意思呢？

老師：水也是液體，但這裡的「打水」是打一桶水，而不是買一桶水。這也就是「打」字神奇的地方啊！

小胖：古時候的佣人替主人打洗臉水，就是打水？

威凱：小胖，打一盆洗臉水跟打一桶水的意思是一樣的。

小胖：怎麼會一樣？

威凱：打一桶水，是到井邊或河邊裝一桶水，而打一盆洗臉水，是從水缸裡裝水。

小胖：謝謝你，我明白了。

（笑聲四起）

認識形容詞

「形容詞」是用來形容「名詞」。有了形容詞，就可以使被形容的名詞有了更完整、清楚、貼切的意思。

形容詞	名詞
美麗的	景致
美好的	歲月
彎彎的	鉤
皎潔的	月亮
感人的	樂曲
銀白的	月光
快樂的	工人

認識副詞

「副詞」是用來補充或說明「動詞」、「形容詞」。例如：「快樂的」跳舞。跳舞是動詞，說明動詞的詞，就成了副詞，所以「快樂的」就是副詞。知道這些詞，可以幫助我們寫出意思完整、通順貼切的句子。

副詞	動詞
悄悄的	來
輕鬆的	玩
不斷的	勞動
懶懶的	打呵欠
無限的	感恩
快樂的	笑
輕快的	跑

副詞	形容詞
非常	幸福的
十分	快樂的
很	美麗的
相當	皎潔的
不	清澈的
最	愉快的
格外	醜惡的

九 飛行空中的梅花

中華航空公司的飛機垂直尾翼上有一面國旗，民國八十四年華航決定重新設計企業標幟——紅梅揚姿，那是一朵潑墨的梅花。

開始時，華航使用印刷貼紙，每架飛機要花費六十四萬元。紅梅飛機首度亮相時，獲得各界的好評，全機隊開始陸續換新裝。正當華航慶祝飛機改裝成功之餘，貼紙卻在飛行途中出現脫落的毛病。重貼成本太高實在吃不消，於是修護廠的技師們接受指示：改用經濟的噴漆模式來繪製梅花。

技師們從製作模板到花瓣噴漆，不知道噴壞了

姿ㄗ 刷ㄕㄨㄚ 獲ㄏㄨㄛˋ 評ㄆㄧㄥˊ 陸ㄌㄨˋ 慶ㄑㄧㄥˋ 餘ㄩˊ 途ㄊㄨˊ 莫ㄇㄛˋ

多少幅實驗圖案，但大家並不氣餒，不眠不休花了好幾個月的時間，才抓到了要領，噴出了品質精良的梅花。這種方式只要三萬元，作業時間也從七天節省爲三天。

從國外買的飛機，外國技師無法繪製這樣的圖案。華航只好請噴漆技師遠渡重洋，親自上陣。外國人不懂潑墨的意境，又用大噴槍繪製；華航的技師則用小噴槍把花的神韻充分展現。

如今紅梅揚姿的圖案，已經飄揚全世界。這朵潑墨梅花，花蕊分內外兩種不同的紅色，因而顯出了它的立體和流動感。

飛行空中的梅花，是臺灣人的驕傲。

幅ㄈㄨˊ　餒ㄋㄟˇ　眠ㄇㄧㄢˊ　質ㄓˊ　懂ㄉㄨㄥˇ　槍ㄑㄧㄤ　蕊ㄖㄨㄟˇ　翼ㄧˋ　濟ㄐㄧˋ　韻ㄩㄣˋ　灣ㄨㄢ

小小劇場：神奇的字（三）

時間：上課時

地點：教室裡

人物：老師和同學

（幕起時，美勤提出了她對「打」字的疑問。）

美勤：打動人心的「打」是什麼意思呢？

老師：打，有觸動的意思。

小胖：爺爺常常跟別人去打牌，這個「打」是什麼意思？

老師：哈！你們能舉一反三的發現問題，眞好！我們常說「打牌」或「打撲克牌」，當然不是把牌揍一頓，而是「玩」的意思。

威凱：老師，那打電腦，打電動玩具，都是「玩」的意思吧！

老師：是的，那打工的「打」是什麼意思？

美勤：我知道，是做工的意思。

老師：回答得好，打官腔的「打」呢？

（全班頓時鴉雀無聲，突然小胖大叫起來。）

小胖：我知道，打官腔跟打噴嚏、打嗝的「打」，是同一個意思。

老師：打噴嚏、打嗝都是生理現象。打官腔不一樣，「腔」就是腔調，「打官腔」是指用這種腔調來辦事。

威凱：老師，「打」字眞的很神奇。我來說說看：「你有空時可以打打電腦或打打毛線，千萬不要去打酒嗝，打球輸了不要和人打架，吃得太飽會打嗝，那沒有關係，但喜歡打官腔可是要不得！」

（掌聲四起，大家紛紛叫好！）

修辭法：象徵法

象徵法是指寫作時，不直接把事、物明說，反而運用某些圖像來表現某種意義。譬如：國旗、國花是國家的象徵；寶島是臺灣的象徵；黃河、長江是中國的象徵；在寓言故事裡，羊經常是「柔弱」、「馴良」的象徵。

在第七冊「長裙」、「老師的腳踏車」的課文中，作者用「長裙」、「腳踏車」來寫母親的愛，都是屬於象徵法的運用。象徵法的表現手法是間接的、側面的、曲折的，但是往往比正面的、直接的敘述，婉轉動人。

「顏色」也有象徵的感情，譬如：紅色象徵熱情，綠色象徵和平，藍色象徵寧靜，黑色象徵神祕、恐懼，白色象徵純潔。

想一想：

選出以下圖中物的象徵（①中華民族 ②貪婪 ③英勇 ④母親 ⑤愚笨 ⑥狡猾 ⑦聰明 ⑧長壽 ⑨吉利）。

十 墨子救宋

公輸班打算造雲梯攻打宋國。墨子走了十天十夜來阻止這件事。

「北方有一個不好的人，請你把他殺死，我可以給你一千塊錢！」墨子對公輸班說。

公輸班表明自己是講道義的，不願意殺人。墨子說：「既然如此，你爲什麼要造雲梯攻打宋國？楚國土地多而百姓少，你卻還要殺宋國的百姓，搶奪宋國的土地，眞是太沒愛心了！我勸你還是停止攻打宋國。」

公輸班不願意，就把責任推到楚王身上。

「有一個人家有好車，卻去偷隔壁家的破車子；把自己美麗的

攻ㄍㄨㄥ 阻ㄗㄨˇ 殺ㄕㄚ 義ㄧˋ 稻ㄉㄠˋ 穀ㄍㄨˇ 爽ㄕㄨㄤˇ 侵ㄑㄧㄣ 略ㄌㄩㄝˋ

絲衣丟掉，而去偷隔壁家的粗布衫；不吃家中肥美的肉，竟然去偷隔壁家的稻穀。這樣的人，是怎麼回事呢？」墨子對楚王說。

楚王爽直的說：「那是個頭腦不清楚的人！」

墨子說：「楚國有五千里富足的地，卻去侵略又小又貧窮的宋國，這樣好嗎？」楚王雖然無話可說，可是已打定主意要攻宋，又把責任推給公輸班。

墨子覺得空話不能阻止他們的惡行，就請公輸班和他實地演練攻城的方法。公輸班用了九種攻城的方法，墨子也用九種守城的方法來抵抗他。

最後，公輸班攻城法用盡了，自知不敵，楚王也害怕徒勞無功，只好放棄攻宋。

貧 抵 敵

小小劇場：古人的學費（一）

時間：下課時間

地點：教室裡

人物：小霞、小英、少（ㄕㄠˋ）白

（幕起時，下課鐘聲響起，有些學生跑出教室，有些學生留在教室裡談天說笑。）

小霞：小英，你帶一包錢做什麼？別弄丟了！

小英：下午我上繪畫課時，要交的學費。

少白：你們知道最早的學費叫什麼嗎？

小霞：什麼？古時候的人也需要補習嗎？

少白：他們不是補習，而是繳交學習的費用。

小英：那跟我們一樣，開學時要繳交註冊費呀！

小霞：這眞有趣，古人要繳交的學費貴不貴？

少白：古人不叫學費，而是叫……。

小英：（插嘴）我知道，不是叫「束脩」嗎？爲什麼叫「束脩」？我就「莫宰羊」了？

少白：你不必宰羊，我來告訴你，「束脩」就是一束五香肉乾。

小霞：什麼？古人的學費是繳一束五香肉乾，那是怎麼一回事啊！

少白：在周朝時，大家見面都要送一份禮，表示友善。

小霞：哇！那古人對敦親睦鄰方面做得很好，大家一見面都送一束五香肉乾嗎？

少白：當然，有錢人見面時，會送好一點的東西，如：肥羊、雞、鴨。

認識句子：並列複句

並列複句中，分句和分句的關係，不分主要或次要，彼此同等重要。並列複句中常常不用關連詞語，如果要用，單用的有「也」、「又」、「還」、「同時」等，成對使用的有「既……又……」、「一面……一面……」、「不是……而是……」。

- 白石常常一邊在描紅紙上寫大字，一邊畫下了牛、羊、馬……等動物。
- 公輸班用九種攻城的方法，墨子也用九種守城的方法來抵抗他。
- 他不驚慌，不憤怒。

認識標點符號：破折號（——）

① 表示意思突然改變。例如：

▲假如我懂得待人處事，體諒別人——我應該感謝母親的教誨。

▲這是表哥送我的書——據說是安徒生寫的。

② 中斷話語或重複詞句。

▲他——他——他把我的東西搶走了。

③ 表示時間、空間的開始到停止。

▲中日戰爭發生在清光緒二十年至二十一年（西元一八九四——一八九五年）。

認識標點符號：音界號（·）

這個小圓點，只是用在外國人翻譯文中的姓和名字中間。例如：

▲佛羅倫斯·南丁格爾創建了世界上第一所正規護士學校，被譽爲現代護理教育的創始者。

十一 功成身退

張良是漢朝開國的功臣。他還沒有成名以前，曾經獲得一個老人贈送兵法，經過苦心研讀後，成爲一個戰略專家。

劉邦很器重張良，並且誇獎他：只要張良一個小策略，就可以讓千里之外的戰爭獲勝。劉邦採納了他不少的計謀，終於打敗項羽，建立漢朝。

劉邦當上皇帝後，打算把土地最肥沃，人口最多的齊地，封給張

漢 ㄏㄢˋ　臣 ㄔㄣˊ　贈 ㄗㄥˋ　邦 ㄅㄤ　策 ㄘㄜˋ　勝 ㄕㄥˋ　謀 ㄇㄡˊ　項 ㄒㄧㄤˋ　沃 ㄨㄛˋ

良。張良不但不肯接受，反而要了一個小小的留地。劉邦答應了，並且封張良爲留侯。

過了幾年，張良建議劉邦立蕭何爲宰相。此時，他已經看出來，爲了鞏固大權，劉邦一定會擊殺幫他立下功勞的大臣。有一天，張良用誠懇的態度告訴劉邦：「我想結束政治生涯，到名山大川去遊歷，隱居山林，過清靜的生活。」起初劉邦不肯，一再挽留他，但是禁不住張良的誠心相求，最後勉強答應。

張良和蕭何、韓信同稱爲「漢初三傑」，並列首位，被後人尊爲「謀聖」。

封 侯ㄏㄡˊ 宰ㄗㄞˇ 涯ㄧㄚˊ 挽ㄨㄢˇ 勉ㄇㄧㄢˇ 尊ㄗㄨㄣ 劉ㄌㄧㄡˊ 蕭ㄒㄧㄠ 鞏ㄍㄨㄥˇ 權ㄑㄩㄢˊ

語文活動十一

小小劇場：古人的學費（二）

時間：下課時間

地點：教室裡

人物：小霞、小英、少白

（幕起時，還是下課時間，小霞、小英、少白三個人聚在一起，談古人的學費，談得正起勁呢。）

小霞：所以，一般家庭都送肉乾囉？

少白：是的，因為一般家家戶戶都有肉乾，所以小孩子見面都互相送一束肉乾。後來小孩拜見老師，也就用一束肉乾當禮物。

小霞：肉乾到底是怎麼做成的？跟我們現在吃的肉乾一樣嗎？

小英：我超喜歡吃肉乾的，快說！古人的肉乾是怎麼做的？

少白：它的製作方法是把新鮮的牛肉、羊肉或鹿肉切成長條形之後，加入一些香料，先醃製一段時間，再放在石頭上搥打，搥打之後再曬乾，就完成了。

小英：哇！都快流口水了。

小霞：一束肉乾，到底有多少？

少白：一束是指十條，其實是由五條長肉乾對折起來。孔子曾經說過：「只要準備束脩做爲敬師禮的，我都願意教導他。」束脩是很微薄的禮物呢！

小霞：啊！孔子眞是一位「有教無類」的好老師。

短文練習

下列的詞語，都是和「方」有關的字：

芳香　脂肪　房屋　紡織　防空洞

工作坊　拜訪　船舫　模仿　妨礙

請從前面選三個以上的詞語，寫一篇一百五十字的短文。

十二 菜根譚二則

攻人之惡，毋太嚴，要思其堪受；
教人以善，毋過高，當使其可從。

批評人家的過失，不要太過嚴苛，要想一想他所能承受的程度；教人家做善事，不要要求過高，要他實際做得到才有用。

譚ㄊㄢˊ　毋ㄨˊ　嚴ㄧㄢˊ　苛ㄎㄜ　承ㄔㄥˊ　缺ㄑㄩㄝ　陷ㄒㄧㄢˋ　險ㄒㄧㄢˇ　顆ㄎㄜ

此心常看得圓滿，天下自無缺陷之世界；
此心常放得寬平，天下自無險側之人情。

如果能夠常懷著一顆圓滿善良的心靈，那麼這個世界便沒有什麼缺陷的事物；如果能夠常抱著一顆寬大仁厚的心，世間人也就不會感嘆人心險惡了。

小小劇場：古人的學費（三）

時間：下課時間

地點：教室裡

人物：小霞、小英、少白

（幕起時，還是下課時間，小霞、小英、少白三個人聚在一起，談起古人的學費是一束肉乾，談得很開心。）

小英：聽說在北齊的時候，有一位名叫馮偉的人，他曾經閉門讀書三十年，學問好，所以有很多學生。

小霞：哇！他有那麼多學生，所收的肉乾可以從年頭吃到年尾啊！

少白：他每天每餐飯都吃肉乾，不會吃膩嗎？

小英：不！馮偉的作法跟孔子不一樣！

小霞：馮偉收學生的肉乾更多嗎？

小英：不！學生交來的束脩，他一點都不收。

小霞：喔！他家一定很有錢！

少白：誰知道！隋朝的劉炫正好相反，如果學生沒有準備束脩送給他，他就拒絕教導，把學生趕出去。

小霞：他可能是要靠學費過生活。

少白：你們知道唐太宗當太子時，拜見老師的束脩是什麼嗎？

小霞：二十條肉乾。

少白：不是，是五匹布、兩斗酒以及三條肉乾。拜見時，唐太宗跪著用雙手獻給老師，典禮隆重而威嚴，顯出尊師重道的精神。

小英：那我今天繳學費時，也要學古人跪著用雙手獻給老師了。

（笑聲四起，上課鐘聲響起。）

認識句子：否定句及雙重否定句

一個「不」或一個「無」，是沒有的意思。含有「不」或「無」、「沒有」的句子，是否定的句子。例如：你不支持他的意見。但是兩個「不」，或一個「不」和一個「無」加在一起，則是「雙重否定」，有時反而變成強有力的「肯定」。

連一連：

不可不知	一定要知
攻無不克	不論多堅固的事物都可摧毀
戰無不勝	不論多細的事都注意到
無堅不摧	只要攻打，就能勝利
無微不至	只要出戰，一定勝利

有時候二個「不」合在一起，是「被迫」的意思。

他不敢不來。
（×）他敢來。
（○）他會來，因爲他沒有膽子不來。

他不得不做。
（×）他想要做。
（○）他會做，但是是不得已的。

他不能不去。
（×）他要去。
（○）他雖然去了，但不是他的本意。

兩個「不」合起來是「剛剛好」的意思。

- 不長不短
- 不早不晚
- 不大不小
- 不鹹不淡
- 不高不矮
- 不多不少
- 不卑不亢
- 不胖不瘦
- 不偏不倚

附錄

認識基本筆畫

筆畫	名稱	例子
㇐	橫	一 二
丨	豎	斗 不
丶	點	魚 字
丿	撇	仁 什
㇏	捺	人 之
㇀	挑	法 挑
㇕	橫折	曰 田

筆畫	名稱	例子
㇟	豎曲鉤	包 他
㇖	橫鉤	皮 也
亅	豎鉤	牙 寸
㇂	斜鉤	我 代
㇁	彎鉤	了 豕
㇆	橫折鉤	月 再
㇇	橫撇	發 又

標準筆順

數字為總筆畫

第一課

字	總筆畫
蹉	17
跎	12
若	9
朝	12
暮	15
墜	15
君	7

第二課

字	總筆畫
嘉	14
聊	11
賦	15
緒	14
拚	8
抑	7
析	8
例	8
警	20

附錄

序	欠	型	郊	妨	狀	針	納	羞	慮
7	4	9	9	7	8	10	10	11	15

第三課

虧	悶	闔	壁	隔	惡	婚	呱	嬰
17	12	17	16	13	12	11	8	17

民	曼	斯	塔	企
5	11	12	13	6

第四課

源	湧	恩	勞
13	12	10	12

含	禦	沾	療	漬	漏	載	艘	晃	矮
8	16	8	17	14	14	13	16	10	13

附錄

第五課

字	筆畫
達	13
扛	6
伐	6
奔	8
吼	7
儀	15
典	8
粗	11
牢	7
季	8
束	7
削	9
桑	10
刺	8
斧	8
伏	6

第六課

字	筆畫
盛	11
奪	14

膽	盼	逼	掀	撲	惹	旗	旺	柵	逗
17	9	13	11	15	13	14	8	9	11

第七課

官	摹	楷	聖	搏	獸	逸	危
8	15	13	13	13	19	12	6

忍	疾	毫	趁	蒜	醋	硯	廁	墨	餅
7	10	11	12	14	15	12	12	15	14

牧	未	描	縣	省	湖
8	5	12	16	9	12

第八課

創	川
12	3

字	筆畫
則	9
耕	10
匠	6
慧	15
芥	8
譜	19
奠	12
基	11
渾	12
統	11

第九課

字	筆畫
姿	9
刷	8
獲	17
評	12
陸	11
慶	15
餘	15
途	11
模	15

幅 12
餒 15
眠 10
質 15
懂 16
槍 14
蕊 16

第十課

攻 7

阻 8
殺 11
義 13
稻 15
穀 15
爽 11
侵 9
略 11
貧 11
抵 8

第十一課

字	筆畫
敵	15
漢	14
臣	6
贈	19
邦	7
策	12
勝	12
謀	16
項	12
沃	7
封	9
侯	9
宰	10
涯	11
挽	10
勉	9
尊	12

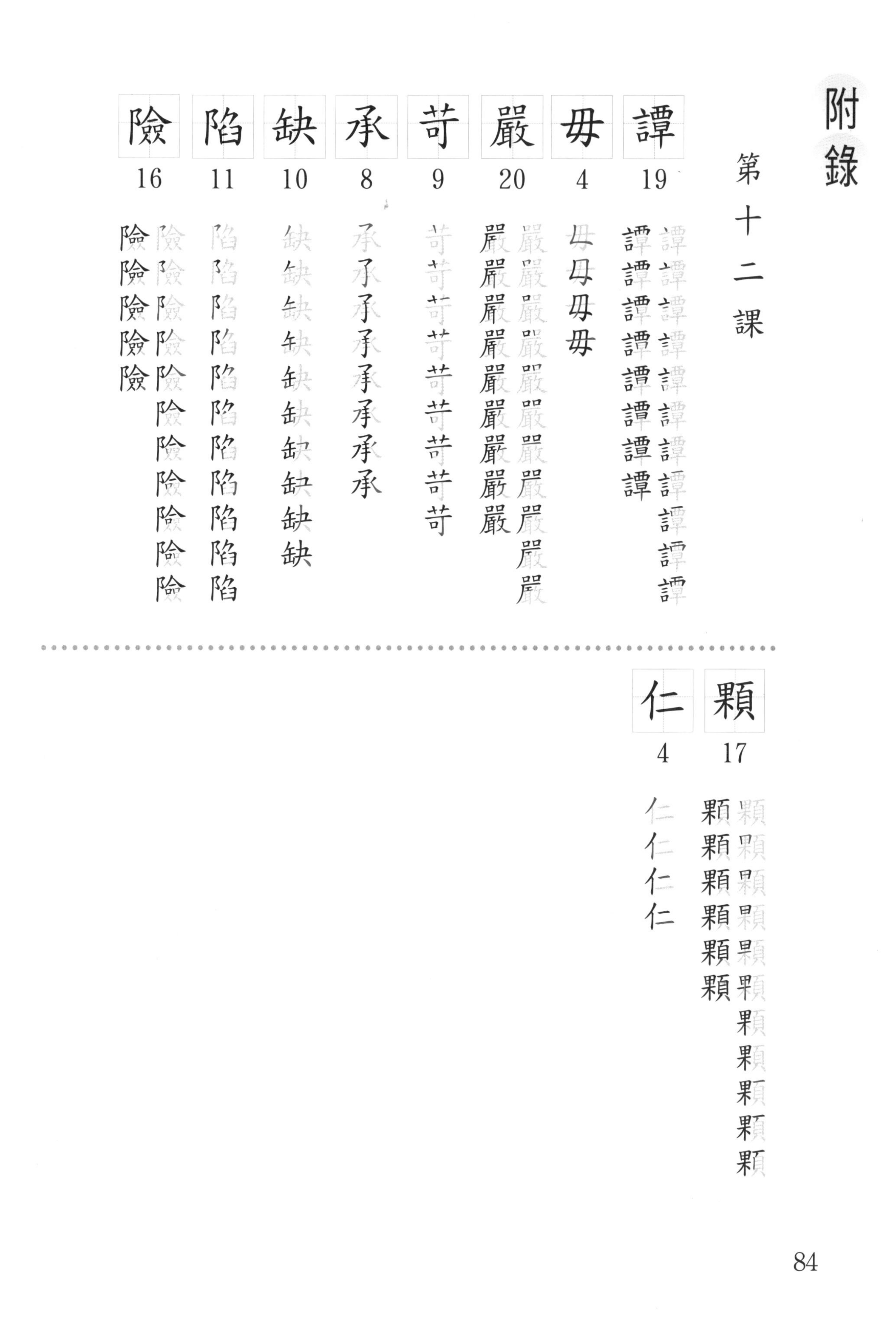

第十二課

譚	毋	嚴	苛	承	缺	陷	險
19	4	20	9	8	10	11	16

顆	仁
17	4

附錄

字詞拼音對照表

漢語拼音、通用拼音和英文解釋

課次	字詞	頁碼	漢語拼音	通用拼音	英文解釋
1	蹉	2	cuō	cuō	failure
	跎	2	tuó	tuó	to stumble
	蹉跎	2	cuō tuó	cuō tuó	to waste time
	若	2	ruò	ruò	if
	朝	2	cháo	cháo	dynasty
	暮	2	mù	mù	sunset
	墜	2	zhuì	jhuèi	to fall
	君	2	jūn	jyun	lord, king
	嘉	3	jiā	jia	to praise
	聊	3	liáo	liáo	to chat
	賦	3	fù	fù	to compose or sing
2	緒	8	xù	syù	mood
	情緒	8	qíng xù	cíng syù	emotions
	拚	8	pàn	pàn	to risk
	拚命	8	pàn mìng	pàn mìng	very hard
	抑	8	yì	yì	to restrain
	壓抑	8	yā yì	ya yì	to repress
	析	8	xī	si	to interpret
	分析	8	fēn xī	fen si	to analyze

課次	字詞	課文頁碼	漢語拼音	通用拼音	英文解釋
	例	8	lì	lì	example
	例如	8	lì rú	lì rú	for example
	警	8	jǐng	jǐng	to warn
	警覺	8	jǐng jué	jǐng jyué	alert
	慮	8	lǜ	lyù	to consider
	焦慮	8	jiāo lǜ	jiao lyù	deeply anxious
	羞	8	xiū	siou	ashamed
	害羞	8	hài xiū	hài siou	shy
	納	8	nà	nà	to receive
	接納	8	jiē nà	jie nà	to accept
	針	8	zhēn	jhen	needle
	針對	8	zhēn duì	jhen duèi	to focus on
	狀	8	zhuàng	jhuàng	condition
	狀況	8	zhuàng kuàng	jhuàng kuàng	situation
	妨	9	fáng	fáng	to harm; to hinder
	不妨	9	bù fáng	bù fáng	no harm in (doing... etc)
	郊	9	jiāo	jiao	suburbs
	郊外	9	jiāo wài	jiao wài	suburbs
	型	9	xíng	síng	model, style
	髮型	9	fǎ xíng	fǎ síng	hair style
	擇	9	zé	zé	to choose
	選擇	9	xuǎn zé	syuǎn zé	choice
	欠	9	qiàn	ciàn	to owe

課次	字詞	課文頁碼	漢語拼音	通用拼音	英文解釋
	呵欠	9	hē qiàn	he ciàn	yawn
	序	9	xù	syù	order
	排序	9	pái xù	pái syù	to arrange in order
3	嬰	14	yīng	ying	infant
	嬰兒	14	yīng ér	ying ér	infant
	呱	14	gū	gu	the cries of an infant
	婚	14	hūn	hun	marriage
	結婚	14	jié hūn	jié hun	to get married
	惡	14	è	è	evil
	醜惡	14	chǒu è	chǒu è	hideous
	隔	14	gé	gé	to separate
	壁	14	bì	bì	wall
	隔壁	14	gé bì	gé bì	next door
	闆	15	bǎn	bǎn	boss
	老闆	15	lǎo bǎn	lǎo bǎn	boss
	悶	15	mēn	men	melancholy
	悶悶不樂	15	mèn mèn bú lè	mèn mèn bú lè	unhappy
	虧	15	kuī	kuei	to lose
	吃虧	15	chī kuī	chih kuei	to suffer a loss
	勞	15	láo	láo	to work
	勞動	15	láo dòng	láo dòng	to labor
	恩	15	ēn	en	favor, grace
	感恩	15	gǎn ēn	gǎn en	to be grateful

課次	字詞	課文頁碼	漢語拼音	通用拼音	英文解釋
	湧	15	yǒng	yǒng	to pour
	湧泉	15	yǒng quán	yǒng cyuán	spring
	源	15	yuán	yuán	source
	來源	15	lái yuán	lái yuán	origin
4	企	20	qì	cì	to hope
	企鵝	20	qì é	cì é	penguin
	塔	20	tǎ	tǎ	tower
	斯	20	sī	sih	this, such, here
	曼	20	màn	màn	graceful
	民	20	mín	mín	the people
	居民	20	jū mín	jyu mín	in habitant
	矮	20	ǎi	ǎi	short
	小矮人	20	xiǎo ǎi rén	siǎo ǎi rén	dwarf
	晃	20	huàng	huàng	dazzling
	搖晃	20	yáo huàng	yáo huàng	to shake
	艘	20	sāo	sao	a numerary adjunct for ships
	一艘	20	yī sāo	yi sao	on ship
	載	20	zài	zài	to load
	載滿	20	zài mǎn	zài mǎn	to be fully laden
	漏	20	lòu	lòu	to leak
	漏油	20	lòu yóu	lòu yóu	leaking
	漬	20	zì	zìh	stain
	油漬	20	yóu zì	yóu zìh	greasy dirt

課次	字詞	課文頁碼	漢語拼音	通用拼音	英文解釋
	療	20	liáo	liáo	to treat
	治療	20	zhì liáo	jhìh liáo	therapy
	沾	20	zhān	zhan	to wet
	禦	21	yù	yù	to guard against
	禦寒	21	yù hán	yù hán	to protect oneself from cold
	含	21	hán	hán	to contain
	含著	21	hán zhe	hán jhe̊	to hold in the mouth
5	達	26	dá	dá	to reach
	達悟	26	dá wù	dá wù	a tribe
	扛	26	káng	káng	to shoulder
	扛起	26	káng qǐ	káng cǐ	to lift up
	伐	26	fá	fá	to cut
	步伐	26	bù fá	bù fá	steps
	奔	26	bēn	ben	to run
	奔向	26	bēn xiàng	ben siàng	to head for
	吼	26	hǒu	hǒu	to roar
	吼叫	26	hǒu jiào	hǒu jiào	to roar
	儀	26	yí	yí	appearance
	儀式	26	yí shì	yí shìh	rite
	典	26	diǎn	diǎn	rule, law
	典禮	26	diǎn lǐ	diǎn lǐ	ceremony
	粗	26	cū	cu	thick
	粗壯	26	cū zhuàng	cu jhuàng	muscular

課次	字詞	課文頁碼	漢語拼音	通用拼音	英文解釋
	牢	26	láo	láo	firm
	牢固	26	láo gù	láo gù	secure
	季	27	jì	jì	season
	飛魚季	27	fēi yú jì	fei yú jì	a flying-fish season
	束	27	shù	shù	bunch
	結束	27	jié shù	jié shù	to end
	削	27	xiāo	siao	to shave
	削好	27	xiāo hǎo	siao hǎo	to shave
	斧	27	fǔ	fǔ	to chop
	斧頭	27	fǔ tóu	fǔ tóu	ax
	伏	27	fú	fú	to prostrate
	起伏	27	qǐ fú	cǐ fú	ups and downs
6	盛	32	shèng	shèng	abundant
	盛大	32	shèng dà	shèng dà	grand
	奪	32	duó	duó	to carry away
	奪目	32	duó mù	duó mù	eye-catching
	逗	32	dòu	dòu	to tickle
	柵	32	zhà	jhà	palisade
	柵門	32	zhà mén	jhà mén	a door in a palisade
	旺	32	wàng	wàng	to prosper
	旺盛	32	wàng shèng	wàng shèng	prosperous
	旗	32	qí	cí	flag
	紅旗	32	hóng qí	hóng cí	red flag

課次	字詞	課文頁碼	漢語拼音	通用拼音	英文解釋
	惹	32	rě	rě	to provoke
	惹火	32	rě huǒ	rě huǒ	to irritate
	撲	32	pū	pu	to flap
	撲空	32	pū kōng	pu kong	to fail to meet a person
	掀	32	xiān	sian	to lift
	掀起	32	xiān qǐ	sian cǐ	to stir up
	逼	32	bī	bi	to press
	逼近	32	bī jìn	bi jìn	to close in
	盼	32	pàn	pàn	to expect
	期盼	32	qí pàn	cí pàn	to hope
	膽	32	dǎn	dǎn	the gall
	膽大	32	dǎn dà	dǎn dà	bold
	危	32	wéi	wéi	danger
	臨危不亂	32	lín wéi bú luàn	lín wéi bú luàn	facing the great danger without fear
	逸	32	yì	yì	ease
	以逸待勞	32	yǐ yì dài láo	yǐ yì dài láo	to wait in comfort
	獸	33	shòu	shòu	beast
	搏	33	bó	bó	to battle
	搏鬥	33	bó dòu	bó dòu	to fight
7	聖	38	shèng	shèng	sacred
	楷	38	kǎi	kǎi	standard
	楷書	38	kǎi shū	kǎi shu	standard script
	摹	38	mó	mó	to copy

課次	字詞	課文頁碼	漢語拼音	通用拼音	英文解釋
	臨摹	38	lín mó	lín mó	to imitate
	官	38	guān	guan	government official
	大官	38	dà guān	dà guan	ranking official
	餅	38	bǐng	bǐng	cake, biscuit
	燒餅	38	shāo bǐng	shao bǐng	sesame seed cake
	墨	38	mò	mò	ink
	研墨	38	yán mò	yán mò	to rub down an ink stick
	廁	39	cè	cè	toilet
	廁所	39	cè suǒ	cè suǒ	toilet
	硯	39	yàn	yàn	inkstone
	醋	39	cù	cù	vinegar
	蒜	39	suàn	suàn	garlic
	大蒜	39	dà suàn	dà suàn	garlic
	趁	39	chèn	chèn	to take advantage of
	毫	39	háo	háo	writing brush
	揮毫	39	huī háo	huei háo	to write
	疾	39	jí	jí	quick
	疾書	39	jí shū	jí shu	to write swiftly
	忍	39	rěn	rěn	to tolerate
	忍住	39	rěn zhù	rěn zhù	to restrain
	川	39	chuān	chuan	river
	大川	39	dà chuān	dà chuan	wide river
	創	39	chuàng	chuàng	to create

附錄

課次	字詞	課文頁碼	漢語拼音	通用拼音	英文解釋
	創新	39	chuàng xīn	chuàng sin	to bring new ideas
8	湖	44	hú	hú	lake
	省	44	shěng	shěng	province
	縣	44	xiàn	siàn	county
	描	44	miáo	miáo	to trace
	未	44	wèi	wèi	not yet
	未滿	44	wèi mǎn	wèi mǎn	not yet
	牧	44	mù	mù	to pasture
	牧牛	44	mù nióu	mù nióu	to herd cows
	則	44	zé	zé	law, however
	耕	44	gēng	geng	to cultivate
	耕種	44	gēng zhòng	geng jhòng	cultivation
	匠	44	jiàng	jiàng	craftman
	木匠	44	mù jiàng	mù jiàng	carpenter
	慧	44	huì	huèi	intelligent
	慧根	44	huì gēn	huèi gen	the root of wisdom
	芥	44	jiè	jiè	mustard
	譜	44	pǔ	pǔ	score
	畫譜	44	huà pǔ	huà pǔ	picture copybook
	奠	45	diàn	diàn	to settle
	基	45	jī	ji	base
	奠基	45	diàn jī	diàn ji	to lay the foundation
	渾	45	hún	hún	complete

課次	字詞	課文頁碼	漢語拼音	通用拼音	英文解釋
	渾厚	45	hún hòu	hún hòu	tactful
	統	45	tǒng	tǒng	to unite
	傳統	45	chuán tǒng	chuán tǒng	tradition
9	姿	50	zī	zih	manne, look
	姿勢	50	zī shì	zih shìh	posture
	刷	50	shuā	shua	to brush
	印刷	50	yìn shuā	yìn shua	to print
	獲	50	huò	huò	to get
	獲得	50	huò dé	huò dé	to get
	評	50	píng	píng	to comment
	好評	50	hǎo píng	hǎo píng	favorable comment
	陸	50	lù	lù	land
	陸續	50	lù xù	lù syù	continuous
	慶	50	qìng	cìng	to celebrate
	慶祝	50	qìng zhù	cìng jhù	celebration
	餘	50	yú	yú	remaining
	之餘	50	zhī yú	jhih yú	leftover time
	途	50	tú	tú	road
	旅途	50	lǚ tú	lyǔ tú	journey
	模	50	mó	mó	model
	模板	50	mó bǎn	mó bǎn	model
	幅	51	fú	fú	border
	餒	51	něi	něi	lacking in confidence

課次	字詞	課文頁碼	漢語拼音	通用拼音	英文解釋
	氣餒	51	qì něi	cì něi	discouraged
	眠	51	mián	mián	sleep
	不眠不休	51	bù mián bù xiū	bù mián bù siou	tireless
	質	51	zhí	jhíh	element
	品質	51	pǐn zhí	pǐn jhíh	quality
	蕊	51	ruǐ	ruěi	stamens, pistils
	花蕊	51	huā ruǐ	hua ruěi	stamens, pistils
	懂	51	dǒng	dǒng	to understand
	不懂	51	bù dǒng	bù dǒng	unable to understand
	槍	51	qiāng	ciang	gun
	噴槍	51	pēn qiāng	pen ciang	atomizer
10	攻	56	gōng	gong	to raid
	攻打	56	gōng dǎ	gong dǎ	to attack
	阻	56	zǔ	zǔ	to stop
	阻止	56	zǔ zhǐ	zǔ jhǐh	to prevent
	殺	56	shā	sha	kill
	殺人	56	shā rén	sha rén	murder
	義	56	yì	yì	justice
	道義	56	dào yì	dào yì	morality
	稻	57	dào	dào	rice
	穀	57	gǔ	gǔ	grain
	稻穀	57	dào gǔ	dào gǔ	paddy
	爽	57	shuǎng	shuǎng	refreshing

課次	字詞	課文頁碼	漢語拼音	通用拼音	英文解釋
	爽直	57	shuǎng zhí	shuǎng jhíh	frank
	侵	57	qīn	cin	to aggress
	略	57	luè	lyuè	strategy
	侵略	57	qīn luè	cin lyuè	aggression
	貧	57	pín	pín	poor
	貧窮	57	pín qióng	pín cyóng	poverty
	抵	57	dǐ	dǐ	to resist
	抵抗	57	dǐ kàng	dǐ kàng	to fight against
	敵	57	dí	dí	to oppose
	不敵	57	bù dí	bù dí	to be defeated
11	漢	62	hàn	hàn	the Chinese race
	漢朝	62	hàn cháo	hàn cháo	the Han Dynasty
	臣	62	chén	chén	vassal
	功臣	62	gōng chén	gong chén	vassal with merits
	贈	62	zèng	zèng	to give
	贈送	62	zèng sòng	zèng sòng	to present
	邦	62	bāng	bang	state, nation
	劉邦	62	lióu bāng	lióu bang	the founder of the Han Dynasty
	策	62	cè	cè	plan
	策略	62	cè luè	cè lyuè	strategy
	勝	62	shèng	shèng	victory
	獲勝	62	huò shèng	huò shèng	to win
	謀	62	móu	móu	scheme, plot

附錄

課次	字詞	課文頁碼	漢語拼音	通用拼音	英文解釋
	計謀	62	jì móu	jì móu	scheme
	項	62	xiàng	siàng	a surname
	項羽	62	xiàng yǔ	siàng yǔ	a great Warrior of the Han Dynasty
	沃	62	wò	wò	fertile
	肥沃	62	féi wò	féi wò	fertile
	封	62	fēng	fong	to install
	侯	63	hóu	hóu	noblemen
	封侯	63	fēng hóu	fong hóu	to create feudal lords
	宰	63	zǎi	zǎi	to govern
	宰相	63	zǎi xiàng	zǎi siàng	prime minister
	涯	63	yá	yá	edge
	生涯	63	shēng yá	sheng yá	career, life
	挽	63	wǎn	wǎn	to restore
	挽留	63	wǎn lióu	wǎn lióu	to request to stay
	勉	63	miǎn	miǎn	to urge
	勉強	63	miǎn qiǎng	miǎn ciǎng	reluctantly
	尊	63	zūn	zun	to respect
	尊稱	63	zūn chēng	zun cheng	a title of respect
12	譚	68	tán	tán	to talk
	菜根譚	68	cài gēn tán	cài gen tán	a book title
	毋	68	mú	mú	not
	嚴	68	yán	yán	severe
	苛	68	kē	ke	harsh

課次	字詞	課文頁碼	漢語拼音	通用拼音	英文解釋
	嚴苛	68	yán kē	yán ke	harsh
	承	68	chéng	chéng	to undertake
	承受	68	chéng shòu	chéng shòu	to bear
	缺	69	que	cyue	lacking
	陷	69	xiàn	siàn	defect
	缺陷	69	quō xiàn	cyue siàn	defect
	險	69	xiǎn	siǎn	dangerous
	險惡	69	xiǎn è	siǎn è	dangerous
	顆	69	kē	ke	a numerary adjunct
	一顆	69	yì kē	yì ke	a drop, grain
	仁	69	rén	rén	mercy
	仁厚	69	rén hòu	rén hòu	benevolent

Memo

國家圖書館出版品預行編目資料

全新版華語：課本／蘇月英等著. --臺初版.
--臺北縣新店市：流傳文化, 民91-
冊；　公分
ISBN 986-7397-17-7

1. 中國語言 - 讀本

802.85　　　　91016030

【全新版】華語第九冊

總 主 編：蘇月英
編撰委員：蘇月英、李春霞、胡曉英、詹月現、蘇　蘭
吳建衛、夏婉雲、鄒敦怜、林麗麗、林麗眞
指導委員：信世昌、林雪芳
總 編 輯：張瀞文
責任編輯：胡琬瑜
插　　畫：卓昆峰、章毓倩、張河泉、鍾燕貞、范育園
攝　　影：鄧博仁、羅敦強
美術設計：陳美霞
發 行 人：曾高燦
出版發行：流傳文化事業股份有限公司
地　　址：臺北縣 (231) 新店市復興路 43 號 4樓
電　　話：(02)8667-6565
傳　　眞：(02)2218-5221
郵撥帳號：19423296
http://www.ccbc.com.tw
E-mail:service@ccbc.com.tw
香港分公司◎集成圖書有限公司－香港皇后大道中283號聯威商業中心8字樓C室
TEL：(852)23886172-3・FAX：(852)23886174
美國辦事處◎中華書局－135-29 Roosevelt Ave. Flushing, NY 11354 U.S.A.
TEL：(718)3533580・FAX：(718)3533489
日本總經銷◎光儒堂－東京都千代田區神田神保町一丁目五六番地
TEL：(03)32914344・FAX：(03)32914345

出版日期：西元 2005 年 3 月臺初版（50098）
西元 2006 年 3 月臺初版四刷
印　　刷：世新大學出版中心

分類號碼：802.85.033
ISBN 986-7397-17-7

定　　價：120 元